90 Casos Resueltos de Time Intelligence en DAX

POWER BI

Inteligencia de Negocio

Ramón J. Castro
María E. Miranda

Cuando eliges muy bien en que emplear tu tiempo, es cuando tienes tiempo para hacer cosas que generan valor.

Introducción

"90 Casos Resueltos de Time Intelligence en DAX" es la segunda de cuatro guías rápidas de resolución de casuísticas en lenguaje DAX. Por el momento, la colección está compuesta por:

- 180 Casos Resueltos en Lenguaje Dax.
- 80 Casos resueltos de Estadísticas en Dax
- 60 Casos resueltos de Finanzas en Dax

Al igual que en la guía predecesora, "90 Casos Resueltos de Time Intelligence en DAX" es una publicación orientada a usuarios de Microsoft Power BI que en esta ocasión, recoge un total de 92 casos prácticos resueltos de TI en lenguaje DAX.

Todo el código DAX recogido en esta publicación puede ser probado a través del fichero *"90 solved cases of time intelligence.pbix"* accesible para su descarga en la siguiente URL:

www.facebook.com/90solvedcasesoftimeintelligenceindax

La Inteligencia de Tiempo en DAX se trabaja mediante Funciones específicas que permiten el cálculo de medidas dentro de períodos o series temporales. Mediante el uso de estas Funciones, podemos ver simplificadas notablemente consultas de T-SQL y la manipulación de grandes volúmenes de datos dentro de marcos temporales específicos.

Todas las Funciones DAX de Time Intelligence operan sobre periodos de tiempo continuo, lo cual hace indispensable disponer de una "Tabla Calendario" en el modelo. En los casos 1 y 2 de éste manual, se detalla el código para crear dicha tabla.

Casos resueltos

001. Crear tabla CALENDAR (1)
Herramientas de tabla > nueva tabla

STEP 1

```
Calendary =
ADDCOLUMNS (
        //fecha_inicial, fecha_final
        CALENDAR ( MIN ( Sales[Date] ), TODAY () ),
        //Valores numéricos
        "year", YEAR ( [Date] ),
        "month", MONTH ( [Date] ),
        "day", DAY ( [Date] ),
        "quarter", QUARTER ( [Date] ),
        "weekDay", WEEKDAY ( [Date] ),
        "weekNum", WEEKNUM ( [Date] ),
        //valores en texto
        "monthName", FORMAT ( [Date], "MMM" ),
        "weekDayName", FORMAT ( [Date], "DDD" ),
        "quarterName", SWITCH ( QUARTER ( [Date] ), 1,
"First", 2, "Second", 3, "Third", 4, "quarter")
)
```

STEP 2

Una vez finalizada la tabla, está deberá ser marcada como tabla calendario. Para ello haremos los siguiente:

1. Botón derecho sobre el icono de la tabla.
2. Seleccionar la opción "Marcar como tabla de fechas"

Herramientas de tabla > nueva tabla

```
Calendary  =
//especificar rango temporal de la tabla
VAR StartDate = Date(2014,1,1)
VAR EndDate = Today()

//crea la tabla
VAR BaseTable = CALENDAR(StartDate, EndDate)

//añadir columna de AÑO
VAR Years =
ADDCOLUMNS(BaseTable,"Year",YEAR([Date]) )

//añadir columna de MES y de AÑO-MES
VAR Months =
ADDCOLUMNS(
   Years,
   "Month",MONTH([Date]),
   "Year and Month Number",FORMAT([Date],"YYYY-
MM"),
   "Year and Month Name",FORMAT([Date],"YYYY-MMM")
)

//añadir columna de TRIMESTRE y de AÑO-TRIMESTRE
VAR Quarters =
ADDCOLUMNS(
   Months,
   "Quarter",ROUNDUP(MONTH([Date])/3,0),
   "Year and Quarter",[Year] & "-T" &
   ROUNDUP(MONTH([Date])/3,0))

//añadir DIA, nombre DIA, numero dia AÑO, numero dia
SEMANA
VAR Days =
ADDCOLUMNS(
```

    Quarters,
    "Day",DAY([Date]),
    "Day Name",FORMAT([Date],"DDDD"),
    "Day Of Week",WEEKDAY([Date]),
    "Day Of Year", DATEDIFF (DATE(YEAR([Date]),1,1),
[Date], DAY) + 1)

//añadir el numero de semana, asumiendo que la semana
comienza en domigo
VAR Weeks =
ADDCOLUMNS(
    Days,
    "Week Of Month (Sunday)",INT((DAY([Date])-1)/7)+1,
    "Week of Year (Sunday)",WEEKNUM([Date],1),
    "Year and Week (Sunday)",[Year] & "-W" &
WEEKNUM([Date],1))

//añadir columna TRUE= de lunes a viernes / FALSE =
sabado y domingo
VAR WorkingDays =
ADDCOLUMNS(
    Weeks,
    "Is Working Day", NOT WEEKDAY([Date]) IN {1,7})

RETURN

WorkingDays

STEP 2
Una vez finalizada la tabla, está deberá ser marcada como
tabla calendario. Para ello haremos los siguiente:

1. Botón derecho sobre el icono de la tabla.
2. Seleccionar la opción "Marcar como tabla de
   fechas"

003. Valor de una medida entre dos fechas

Modelado > nueva medida

```
Sales from 01/05/2014 to 30/05/2015 =
//valor de un campo dentro de un rango de fechas
CALCULATE(
  //expresion
  SUM(Sales[ Sales]),
  //filtro
  DATESBETWEEN(
    Calendary[Date],
    DATE(2014,05,01),
    DATE(2015,05,30)
  )
)
```

004. Listado de fechas que cumplen una o varias condiciones (1)

Herramientas de tabla > nueva tabla

```
Midmarket Summary Sales Date =
//listado de fechas con ventas de Midmarket
SUMMARIZE (
  //tabla o expresion que devuelve una tabla
  CALCULATETABLE (
    //tabla o expresion que devuelve una tabla
    FILTER ( Sales, Sales[Shipment] ),
    //filtro 1, filtro 2, filtro N,..
    FILTER ( 'Sales', Sales[Sector] = "Midmarket" ),
    FILTER (
      //la funcion "ALL" no permite la aplicación de filtros
de contexto
      ALL ( 'Sales' ),
      AND (
        Sales[Shipment] >= MIN ( Sales[Shipment] ),
        Sales[Shipment] <= MAX ( Sales[Shipment] )
```

```
      )
    )
  ),
  //columnas de la tabla resultante
  Sales[Sales ID],
  Sales[Shipment]
)
```

005. Listado de fechas que cumplen una o varias condiciones (2)
Herramientas de tabla > nueva tabla

```
Orders whithout arrivals dates =
//listado de fechas con envios no entregados
SUMMARIZE (
  //tabla o expresion que devuelve una tabla
  CALCULATETABLE (
    //tabla o expresion que devuelve una tabla
    Sales,
    //filtro 1, filtro 2, filtro N,..
    FILTER ( 'Sales', Sales[Arrival] = BLANK() )
  ),
  //columnas de la tabla resultante
  Sales[Sales ID],
  Sales[Shipment]
)
```

006. Calcular la última fecha en base a una condición
Herramientas de tabla > nueva tabla

```
Last Sale by Salesman =
SUMMARIZE(
  Sales,
  ROLLUP(Sales[Salesman]),
  "SaleLastDat", LASTDATE(Sales[Shipment]),
```

"Ammount",
    VAR LDate = MAX(Sales[Sales ID])

RETURN

LOOKUPVALUE(Sales[Sales],Sales[Sales ID],LDate))

007. Calcular la última fecha en base a más de una condición
Herramientas de tabla > nueva tabla

```
Last Sale > 100K by Salesman on Germany =
SUMMARIZE(
  CALCULATETABLE(
  //tabla
  Sales,
  //filtro 1, filtro 2, filtro N,..
  FILTER(Sales, Sales[Country]="Germany"),
  FILTER(Sales, Sales[ Sales]>100000)
  ),
  ROLLUP(Sales[Salesman]),
  "SaleLastDat", LASTDATE(Sales[Shipment]),
  "Ammount",
  VAR LDate =MAX(Sales[Sales ID])
  RETURN
  LOOKUPVALUE(Sales[ Sales],Sales[Sales ID],LDate)
)
```


008. Calcular la penúltima fecha en base a una condición
Herramientas de tabla > nueva tabla

```
Date Previous Sale by Salesman =
SELECTCOLUMNS(
  Sales,
```

```
  "id", Sales[Sales ID],
  "Salesman",Sales[Salesman],
  "Previous sales", CALCULATE(
    LASTDATE(Sales[Shipment]),
    FILTER(
      //tabla
      Sales,
      //expresion
      AND(
      Sales[Salesman] = EARLIER(Sales[Salesman]),
      Sales[Sales ID] < EARLIER(Sales[Sales ID])
      )
    )),
    "Ammount",
    VAR Correct_ID = CALCULATE(
    MAX(Sales[Sales ID]),
    FILTER(
      //tabla
      Sales,
      //expresion
      AND(
      Sales[Salesman] = EARLIER(Sales[Salesman]),
      Sales[Sales ID] < EARLIER(Sales[Sales ID])
      )
    )
  )
RETURN

LOOKUPVALUE(Sales[ Sales],Sales[Sales ID], Correct_ID ))
```

009. Calcular la penúltima fecha en base a más de una condición

Herramientas de tabla > nueva tabla

Date Previous Sale by Salesman with high Discount =
SELECTCOLUMNS(

```
    Sales,
    "id", Sales[Sales ID],
    "Salesman",Sales[Salesman],
    "Previous sales",
    CALCULATE(
      //expresion
      LASTDATE(Sales[Shipment]),
     //filtro
      FILTER(
        //tabla
        Sales,
        //expresion
        AND(
        Sales[Salesman] = EARLIER(Sales[Salesman]),
        Sales[Sales ID] < EARLIER(Sales[Sales ID])
        )
      )
    ),
      "Ammount",
      VAR Correct_ID = CALCULATE(
      MAX(Sales[Sales ID]),
      FILTER(
        //tabla
        Sales,
        //expresion
        AND(
        Sales[Salesman] = EARLIER(Sales[Salesman]),
        Sales[Sales ID] < EARLIER(Sales[Sales ID])
        )
      )
    )

RETURN

//agregacion de condiciones al resultado mediante la
funcion "IF"
  IF(
```

```
    Sales[Discount Band]="High",
    LOOKUPVALUE(
      Sales[ Sales],Sales[Sales ID],
      Correct_ID,
      BLANK())
  )
)
```

010. Obtener las N últimas fechas que cumplen una o varias condiciones (1)

Herramientas de tabla > nueva tabla

```
Last 10 dates with sales over 200K =
TOPN (
  //numero de fechas
  10,
  //listado de diez ultimas fechas con ventas >200K
  SUMMARIZE (
    //tabla o expresion que devuelve una tabla
    CALCULATETABLE (
      //tabla o expresion que devuelve una tabla
      Sales,
      //filtro 1, filtro 2, filtro N,..
      FILTER ('Sales',
          Sales[ Sales] > 200000
      ),
      FILTER ('Sales',
          //condicion que establece el rango de fechas
          AND (
              Sales[Shipment] >= MIN ( Sales[Shipment] ),
              Sales[Shipment] <= MAX ( Sales[Shipment] )
          )
      )
    ),
    //columnas de la tabla resultante
    Sales[Sales ID],
```

```
    Sales[Shipment],
    Sales[ Sales]
  ),
  Sales[Shipment],
  //a partir del principio de la tabla
  DESC
)
```

011. Obtener las N primeras fechas que cumplen una o varias condiciones (1)

Herramientas de tabla > nueva tabla

```
First 10 dates with sales over 200K  =
TOPN (
  //numero de fechas
  10,
  //listado de diez ultimas fechas con ventas >200K
  SUMMARIZE (
    //tabla o expresion que devuelve una tabla
    CALCULATETABLE (
      //tabla o expresion que devuelve una tabla
      Sales,
      //filtro 1, filtro 2, filtro N,..
      FILTER ('Sales',
          Sales[ Sales] > 200000
      ),
      FILTER ('Sales',
          //condicion que establece el rango de fechas
          AND (
              Sales[Shipment] >= MIN ( Sales[Shipment] ),
              Sales[Shipment] <= MAX ( Sales[Shipment] )
          )
      )
    ),
    //columnas de la tabla resultante
    Sales[Sales ID],
```

```
    Sales[Shipment],
    Sales[ Sales]
  ),
  Sales[Shipment],
  //a partir del final de la tabla
  ASC
)
```

012. Obtener las N últimas fechas que cumplen una o varias condiciones (2)

Herramientas de tabla > nueva tabla

```
Last 10 sales over 200K  =
TOPN (
  //numero de ventas
  10,
  //listado de diez ultimas fechas con ventas >200K
  SUMMARIZE (
    //tabla o expresion que devuelve una tabla
    CALCULATETABLE (
      //tabla o expresion que devuelve una tabla
      Sales,
      //filtro 1, filtro 2, filtro N,..
      FILTER ('Sales',
           Sales[ Sales] > 200000
      )
    ),
    //columnas de la tabla resultante
    Sales[Sales ID],
    Sales[Shipment],
    Sales[ Sales]
  ),
  Sales[Sales ID],
  //a partir del final de la tabla
  DESC )
```

013. Obtener las N primeras fechas que cumplen una o varias condiciones (2)

Herramientas de tabla > nueva tabla

```
Firt 10 sales over 200K  =
TOPN (
  //numero de ventas
  10,
  //listado de diez ultimas fechas con ventas >200K
  SUMMARIZE (
    //tabla o expresion que devuelve una tabla
    CALCULATETABLE (
      //tabla o expresion que devuelve una tabla
      Sales,
      //filtro 1, filtro 2, filtro N,..
      FILTER ('Sales',
          Sales[ Sales] > 200000
      )
    ),
    //columnas de la tabla resultante
    Sales[Sales ID],
    Sales[Shipment],
    Sales[ Sales]
  ),
  Sales[Sales ID],
  //a partir del principio de la tabla
  ASC
)
```

014. Acumulado de una medida en un marco temporal específico (1)

STEP 1
Modelado > nueva medida

Sales last 10 days =

```
CALCULATE (
    //expresion
    [Total Sales],
    //filtro
    DATESINPERIOD (
        Calendary[Date],
        //encuentra la primera fecha de contexto de cada
fila
        FIRSTDATE ( Calendary[Date] ),
        //valor numerico del periodo
        -9,
        //marco de tiempo (day, month, quarter, year,..
                            )
        DAY
    )
)
```

STEP 2
Llevamos a una tabla:
Valores: 'Calendary'[Date]
Valores: [Sales last 10 days]

Para cada registro de la tabla, muestra el acumulado de los últimos 10 días.

015. Acumulado de una medida en un marco temporal específico (2)

STEP 1
Herramientas de tabla > nueva tabla

En este ejemplo, el valor numérico del periodo es variable. Para ello se va a crear una tabla que contenga dichos valores.

```
Numeric value of the period =
//crea una tabla e introduce datos
        //nombre columna ,, tipo de campo (INTEGER,
DOUBLE, STRING, BOOLEAN, CURRENCY, DATETIME)
        DATATABLE (
    "values", INTEGER,

    //introducción de datos en los campos siguiendo el
orden anterior
    {
        { 15 },
        { 30 },
        { 45 },
        { 60 },
        { 90 }
    }
)


STEP 2
Modelado > nueva medida

Sales last N days =
CALCULATE (
    //expresion
    [Total Sales],
    //filtro
    DATESINPERIOD (
        Calendary[Date],
        //encuentra la primera fecha de contexto de cada
fila
        FIRSTDATE ( Calendary[Date] ),
        //valor numerico del periodo
        SELECTEDVALUE('Numeric value of the
period'[values]),
        //marco de tiempo (day, month, quarter, year,..
                        )
```

        DAY
)
)

STEP 3
Llevamos a una tabla:
Valores: 'Calendary'[Date]
Valores: [Sales last 10 days]

Llevamos a un slicer:
Valor: 'Numeric value of the period'[values]

Para cada registro de la tabla, muestra el acumulado de los
últimos 10 días.

016. Calcular el valor de una medida entre dos fechas (1)

Modelado > nueva medida

```
Number of order sent last 10 days =
CALCULATE(
    //expresion
    COUNTROWS( Sales ),
    //filtro
    DATESBETWEEN(
        //tabla[columnaFecha]
        Sales[Shipment],
        //fecha mas antigua
        TODAY()-10,
        //fecha mas reciente
        TODAY()
    )
)
```

017. Calcular el valor de una medida entre dos fechas (2)

Modelado > nueva medida

```
Number of order sent from 25/10/2015 to 25/03/2016 =
CALCULATE(
    //expresion
    COUNTROWS( Sales ),
    //filtro
    DATESBETWEEN(
        //tabla[columnaFecha]
        Sales[Shipment],
        //fecha mas antigua
        DATE(2015,10,25),
        //fecha mas reciente
        DATE(2016,03,25)
    )
)
```

018. Calcular el valor de una medida desde una fecha hasta N unds de tiempo (1)

Modelado > nueva medida

```
Sales last 15 days =
CALCULATE(
    //expresion
    SUM(Sales[ Sales]),
    //filtro
    DATESINPERIOD(
        //tabla[columna]
        'Calendary'[Date],
        //fecha base
        TODAY(),
        //unidades de tiempo a sumar o restar a la fecha base
        -14,
        //factor (DAY, WEEK, MONTH, QUARTER, YEAR)
```

```
    DAY
  )
)
```

019. Calcular el valor de una medida desde una fecha hasta N unds de tiempo (2)

Modelado > nueva medida

```
Sales last 15 days =
CALCULATE(
  //expresion
  [Total Sales],
  //filtro
  FILTER(
    //tabla
    ALL(Calendary),
    //expresion
    AND(
      Calendary[Date]>=TODAY()-15,
      Calendary[Date]<TODAY()
    )
  )
)
```

020. Calcular el valor de una medida desde principio de cada semana hasta final de esa misma semana

Modelado > nueva medida

STEP 1
Herramientas de tabla > nueva columna

En la tabla Calendary creamos la columna siguiente:

```
YearWeek =
CONCATENATE('Calendary'[year],'Calendary'[weekNum])
```

STEP 2
Modelado > nueva medida

```
Sales Week to Date =
  VAR CurrentDate = MIN('Calendary'[Date])
  VAR CalYearWeek = MIN('Calendary'[YearWeek])

  RETURN
  CALCULATE(
    //expresion
    [Total Sales],
    //filtro
    FILTER (
      //tabla
      ALL ('Calendar'),
      //expresion
      'Calendary'[YearWeek] = CalYearWeek &&
'Calendary'[Date] <= CurrentDate
    )
  )
```

021. Calcular el valor de una medida desde principio de mes hasta la última fecha del contexto actual (1)

Modelado > nueva medida

```
Current month Sale (1) =
//muestra el total de ventas desde principio de mes hasta
el dia actual
CALCULATE(
  //expresion
  [Total Sales],
  //filtro
  DATESMTD(Calendary[Date])
)
```

022. Calcular el valor de una medida desde principio de mes hasta la última fecha del contexto actual (2)

Modelado > nueva medida

```
Current month sales (2) =
//ejecuta una expresión desde el primer día del mes EN
CURSO hasta ahora
//la medida se reinicializa a cero al principio de cada mes
TOTALMTD(
  //expresion
  SUM(Sales[ Sales]),
  //tabla[columna] de fechas
  'Calendary'[Date]
)
```

023. Calcular el valor de una medida desde principio de mes hasta la última fecha del contexto actual (3)

Modelado > nueva medida

```
Current month sales (3)=
//ejecuta una expresión desde el primer día del mes EN
CURSO hasta ahora
//la medida se reinicializa a cero al principio de cada mes
CALCULATE(
  //expresion
  SUM(Sales[ Sales]),
  //filtro
  DATESMTD(Calendary[Date])
)
```

024. Calcular el valor de una medida desde principio de mes hasta la última fecha del contexto actual (4)

Modelado > nueva medida

STEP 1
Herramientas de tabla > nueva columna

En la tabla Calendary creamos la columna siguiente:

YearMonth =
CONCATENATE('Calendary'[year],'Calendary'[month])

STEP 2
Modelado > nueva medida

Sales Month to Date (4) =
    VAR CurrentDate = MIN('Calendary'[Date])
    VAR CalYearMonth = MIN('Calendary'[YearMonth])

    RETURN
    CALCULATE(
      [Total Sales],
      FILTER (
        ALL ('Calendary'),
        'Calendary'[YearMonth] = CalYearMonth &&
'Calendary'[Date] <= CurrentDate
)
)

025. Calcular el valor de una medida desde principio del trimestre hasta la última fecha del contexto actual (1)

Modelado > nueva medida

Current quarter sales (1) =
CALCULATE(
    //expresion
    [Total Sales],
    //filtro

    DATESQTD('Calendary'[Date])
)

026. Calcular el valor de una medida desde principio del trimestre hasta la última fecha del contexto actual (2)

Modelado > nueva medida

```
Current quarter sales (2)=
//ejecuta una expresion desde el primer dia del trimestre 
en curso hasta ahora
//la medida se reinicializa a cero al principio de cada 
trimestre
TOTALQTD(
  //expresion
  SUM(Sales[ Sales]),
  //tabla[columna] de fechas
  Calendary[Date]
 )
```


027. Calcular el valor de una medida desde principio del trimestre hasta la última fecha del contexto actual (3)

Modelado > nueva medida

```
Current quarter sales (3)=
//ejecuta una expresion desde el primer dia del trimestre 
en curso hasta ahora
//la medida se reinicializa a cero al principio de cada 
trimestre
CALCULATE(
  //expresion
  SUM(Sales[ Sales]),
  //filtro
```

```
    DATESQTD(Calendary[Date])
)
```

028. Calcular el valor de una medida desde principio del trimestre hasta la última fecha del contexto actual (4)

Modelado > nueva medida

STEP 1
Herramientas de tabla > nueva columna

En la tabla Calendary creamos la columna siguiente:

```
YearQuarter =
CONCATENATE('Calendary'[year],'Calendary'[quarter])
```

STEP 2
Modelado > nueva medida

```
Sales Quarter to Date  (4) =
//crear dos variables
VAR CurrentDate = MIN('Calendary'[Date])
VAR CalYearQuarter = MIN('Calendary'[YearQuarter])

RETURN
CALCULATE(
  //expresion
  [Total Sales],
  //filtro
  FILTER (
    //tabla
    ALL ( 'Calendary'),
    //expresion
    'Calendary'[YearQuarter] = CalYearQuarter &&
'Calendary'[Date] <= CurrentDate  ) )
```

029. Calcular el valor de una medida desde principio del año hasta la última fecha del contexto actual (1)

Modelado > nueva medida

```
Accumulated sale since the beginning of the year (1) =
CALCULATE(
    //expresion
    [Total Sales],
    //filtro
    DATESYTD( 'Calendary'[Date] )
)
```

030. Calcular el valor de una medida desde principio del año hasta la última fecha del contexto actual (2)

Modelado > nueva medida

```
Accumulated sale since the beginning of the year (2) =
//ejecuta una expresion desde el primer dia del año en
curso hasta ahora
//la medida se reinicializa a cero al principio de cada año
TOTALYTD(
    //expresion
    SUM(Sales[ Sales]),
    //tabla[columna] de fechas
    Calendary[Date]
)
```

031. Calcular el valor de una medida desde principio del año hasta la última fecha del contexto actual (3)

Modelado > nueva medida

```
Accumulated sale since the beginning of the year (3) =
//ejecuta una expresion desde el primer dia del año en
curso hasta ahora
//la medida se reinicializa a cero al principio de cada año
```

```
CALCULATE(
  //expresion
  SUM(Sales[ Sales]),
  //filtro
  DATESYTD(Calendary[Date])
)
```

032. Calcular el valor de una medida desde principio del año hasta la última fecha del contexto actual (4)

Modelado > nueva medida

```
Accumulated sale since the beginning of the year (4) =
//crear dos variables
VAR CurrentDate = MIN('Calendary'[Date])
VAR CalYear = MIN('Calendary'[Year])

RETURN
CALCULATE(
  //expresion
  [Total Sales],
  //filtro
  FILTER (
    //tabla
    ALL ( 'Calendary'),
    //expresion
    'Calendary'[Year] = CalYear && 'Calendary'[Date] <=
CurrentDate
  )
)
```

033. Calcular el valor de una medida a principio del mes

Modelado > nueva medida

```
Balance at the beginning of the month =
OPENINGBALANCEMONTH(
```

```
  //expresion
  [Total Sales],
  //tabla[columna] de fechas
  Calendary[Date]
)
```

034. Calcular el valor de una medida a principio del trimestre

Modelado > nueva medida

```
Balance at the beginning of the quarter =
OPENINGBALANCEQUARTER(
  //expresion
  [Total Sales],
  //tabla[columna] de fechas
  Calendary[Date]
)
```

035. Calcular el valor de una medida a principio del año

Modelado > nueva medida

```
Balance at the beginning of the year =
OPENINGBALANCEYEAR(
  //expresion
  [Total Sales],
  //tabla[columna] de fechas
  Calendary[Date]
)
```

036. Calcular el valor de una medida a final del mes

Modelado > nueva medida

```
Balance at the end of the month =
CLOSINGBALANCEMONTH(
```

```
  //expresion
  [Total Sales],
  //tabla[columna] de fechas
  Calendary[Date]
)
```

037. Calcular el valor de una medida a final del trimestre

Modelado > nueva medida

```
Balance at the end of the quarter =
CLOSINGBALANCEQUARTER(
  //expresion
  [Total Sales],
  //tabla[columna] de fechas
  Calendary[Date]
)
```

038. Calcular el valor de una medida a final del año

Modelado > nueva medida

```
Balance at the end of the year =
CLOSINGBALANCEYEAR(
  //expresion
  [Total Sales],
  //tabla[columna] de fechas
  Calendary[Date]
)
```

039. Calcular el valor de una medida correspondiente a un periodo paralelo al actual contexto

Modelado > nueva medida

```
Last Quarter Sales =
```

```
CALCULATE(
    //expresion
    [Total Sales],
    //filtro
    //valores del argumento <intervalo>: MONTH,
QUARTER, YEAR
    PARALLELPERIOD(Calendary[Date],-1,QUARTER)
)
```

040. Calcular el valor de una medida correspondiente al mismo periodo del año anterior

Modelado > nueva medida

```
Last year sales on same period =
CALCULATE(
    //expresion
    [Total Sales],
    //filtro
    SAMEPERIODLASTYEAR(Calendary[Date])
)
```

041. Calcular el % en unidades de tiempo transcurrido entre dos fechas y el contexto de la medida

Modelado > nueva medida

```
Current year (%) =

VAR StartDate =  DATE ( 2021, 01, 01 )
VAR EndDate =   DATE ( 2021, 12, 31 )


RETURN

DIVIDE(
    DATEDIFF( StartDate, TODAY(), DAY),
```

        DATEDIFF(StartDate, EndDate, DAY)
)

NOTA:
Base:
0: US (NASD) 30/360
1: Actual/Actual
2: Actual/360
3: Actual/365
4: Europeo 30/360

042. Calcular los totales acumulados por periodos (1)
Modelado > nueva medida

```
Sales period acummulated =
CALCULATE(
  //expresion
  [Total Sales],
  //filtro
  DATESBETWEEN(
    Calendary[Date],
    FIRSTDATE(ALL(Calendary[Date])),
    LASTDATE(Calendary[Date])
  )
)
```


043. Calcular los totales acumulados por periodos (2)
Modelado > nueva medida

```
Sales period acummulated (2) =
CALCULATE(
  //expresion
  [Total Sales],
  //filtro
  KEEPFILTERS(
```

```
    DATESBETWEEN(
      Calendary[Date],
      DATE(2015,06,01),
      DATE(2016,06,30)
    )
  )
)
```

044. Calcular la frecuencia de una medida dentro de un periodo

Modelado > nueva medida

STEP 1
Herramientas de tabla > nueva tabla

Crear la siguiente tabla.

```
Sales frequency by salesman =
SELECTCOLUMNS(
  Salesman,
  "Salesman", Salesman[Salesman],
  "First Sale", FIRSTDATE(Calendary[Date]),
  "Last Sales", LASTDATE(Calendary[Date]),
  "Period",
DATEDIFF(FIRSTDATE(Calendary[Date]),LASTDATE(Calendary[Date]),DAY),
  "Sales number", COUNTROWS(RELATEDTABLE(Sales)),
)
```

STEP 2
Herramientas de tabla > nueva columna

En la tabla anterior, crear una columna calculada con la medida de frecuencia.

```
Sales frequency =
ROUND(
  DIVIDE(
    'Sales frequency by salesman'[Period] ,
    'Sales frequency by salesman'[Sales number]
  ),
  2
)
```

045. Calcular una medida sobre el día en curso
Modelado > nueva medida

```
Sales today =
//ventas totales realizadas en el dia
CALCULATE(
  //expresión
  SUM(Sales[ Sales]),
  //filtro
  Sales[Date] = TODAY()
)
```

046. Calcular una medida acumulada por día
Modelado > nueva medida

```
Accumulated balance per day =
CALCULATE(
  //expresion
  [Total Sales],
  //filtro
  FILTER(
    //tabla o expresion que devuelve una tabla
    ALLSELECTED(Calendary[Date]),
    //expresion
    Calendary[Date]<=MAX(Calendary[Date])
  ) )
```

047. Cálculo del acumulado por unidad de tiempo (1)
Herramientas de tabla > nueva columna

```
CashFlow by Date =
//crear una columna calculada en la tabla "Cashflow"
//valor saldo de caja por movimiento
CALCULATE (
    //expresion
    SUM ( CashFlow[Movement] ),
    //filtro
    FILTER (
        //tabla
        CashFlow,
        //expresion
        //la función EARLIER permite acceder al valor de una
columna
        CashFlow[Date] <= EARLIER ( CashFlow[Date] )
    )
)
```

048. Cálculo del acumulado por unidad de tiempo (2)
Modelado > nueva medida

```
Sales_2016 =
//calculo de una expresion que no le afectan los filtros de
contexto
//expresion,filtro
CALCULATE (
    //expresion
    SUM ( Sales[ Sales] ),
    //filtro
    FILTER (
        //tabla
        //ALL evita la aplicación de filtros de contexto ajenos
a la expresion calculada
        ALL ( Sales ),
```

```
    //expresión
    //la función RELATED devuelve un valor de fila 
coincidente entre las columnas de dos tablas relacionadas
      RELATED ( 'Calendary'[year] ) = 2016
   )
)
```

049. Cálculo del acumulado por unidad de tiempo (3)
Modelado > nueva medida

```
Sales by Year =
 //calculo de una expresion que no le afectan los filtros de 
contexto
CALCULATE (
   //expresión
   SUM ( Sales[ Sales] ),
   FILTER (
     //tabla
     //ALL evita la aplicación de filtros de contexto ajenos 
a la expresion calculada
     ALL ( Sales ),
     //expresion
     Sales[Date] <= MAX(Sales[Date])
   )
)
```

050. Calcular una medida a principio de cada mes
Modelado > nueva medida

```
STEP 1
Modelado > nueva medida

Accumulated sales =
//crear una medida acumulada de las ventas
CALCULATE(
```

```
  [Total Sales],
  DATESBETWEEN(
    'Calendary'[Date],
    FIRSTDATE(ALL('Calendary'[Date])),
    LASTDATE('Calendary'[Date])
  )
)
```

STEP 2
Modelado > nueva medida

Muestra a primero de cada mes el valor acumulado de una
medida. Por defecto, Power BI si no encuentra un valor
para el acumulado del mes, asigna el total del acumulado.
Esto ocurre siempre para la primera fecha del contexto.
Utilizamos el condicional para que asigne el valor "0" en
lugar del total del acumulado.

Accumulated sale at the beginning of the month =

```
IF(
  AND(FIRSTDATE(Sales[Shipment]), [Total
Sales]=[Accumulated sales]),
  0,
  OPENINGBALANCEMONTH(
    [Accumulated sales],
    'Calendary'[Date]
  )
)
```

STEP 3
Al representar el resultado en una tabla o en un gráfico, se
debe trabajar con un marco temporal mensual.

STEP 1
La tabla calendario debe contar con una columna que contenga el año y con otra columna que contenga el mes. De no ser así, creamos ambas columnas.

STEP 2
Herramientas de table > nueva columna

En la tabla calendario creamos una columna que corresponde al año fiscal.

```
fiscalYear =
//la variable indica el ultimo mes del año fiscal
VAR lastMonth = 3

RETURN
'Calendary'[year] + IF(MONTH('Calendary'[Date]) > 
lastMonth, 1, 0)
```

STEP 3
Herramientas de table > nueva columna

En la tabla calendario creamos una columna que corresponde al mes fiscal.

```
fiscalMonth =
//la variable indica el ultimo mes del año fiscal
VAR lastMonth = 3

RETURN
```

//la funcion MOD devuelve el resto de una division
MOD(MONTH('Calendary'[Date]) - lastMonth, 12) + 1

052. Calcular el valor de una medida correspondiente a un periodo anterior al actual
Modelado > nueva medida

```
Sales last month =
CALCULATE(
    //expresion
    [Total Sales],
    DATEADD(
        //tabla[columna]
        Sales[Shipment],
        //numero de periodos
        -1,
        //marco temporal del periodo (day, week, month,
quarter, year)
        MONTH
    )
)
```


053. Calcular la diferencia de tiempo entre dos fechas
Herramientas de tabla > nueva columna

Crear en la tabla "Sales" una columna nueva

```
Days per sent =
//diferencia de tiempo entre dos fechas
DATEDIFF(
    //fecha mas reciente
    Sales[Date2],
    //fecha mas antigua
    Sales[Date],
```

```
//unidad de tiempo
DAY
)
```

054. Obtener una fecha a partir de otra fecha sumando o restando meses

Herramientas de tabla > nueva columna

Crear una columna calculada en la tabla "Sales"

```
Indicative delivery time =
EDATE(
  //fecha origen
  Sales[Shipment],
  //numero de meses positivos o negativos a partir de un valor numerico fijo o de los campos de una columna
  1
)
```

055. Obtener a partir de una fecha, la fecha correspondiente al último día de mes

Herramientas de tabla > nueva columna

```
Last day of month =
EOMONTH(
//crear una columna calculada en la tabla "Sales"

  Sales[Shipment],
  //numero de meses positivos a partir de un valor
numerico fijo o de los campos de una columna
  //el valor cero devuelve el ultimo dia del mes actual
  0
)
```

056. Obtener a partir de una fecha, la fecha correspondiente al último día del mes anterior
Herramientas de tabla > nueva columna

```
Last day of last month =
//crear una columna calculada en la tabla "Sales"
EOMONTH(
    Sales[Shipment],
    //numero de meses positivos a partir de un valor
numerico fijo o de los campos de una columna
    //el valor numerico negativo devuelve el ultimo dia del
mes pasado
    -1
)
```

057. Obtener el último día del mes en el contexto actual
Herramientas de tabla > nueva columna

STEP 1
Crear una columna calculada en la tabla "Sales"

```
Last day of the month =
ENDOFMONTH(Sales[Shipment])
```

058. Obtener el último día del trimestre en el contexto actual
Herramientas de tabla > nueva columna

STEP 1
Crear una columna calculada en la tabla "Sales"

```
Last day of the quarter =
ENDOFQUARTER(Sales[Shipment])
```

059. Obtener el último día del año en el contexto actual
Herramientas de tabla > nueva columna

STEP 1
Crear una columna calculada en la tabla "Sales"

Last day of the year =
ENDOFYEAR(Sales[Shipment])

060. Obtener el primer día del mes en el contexto actual
Herramientas de tabla > nueva columna

STEP 1
Crear una columna calculada en la tabla "Sales"

First month day =
STARTOFMONTH(Sales[Shipment])

061. Obtener el primer día del trimestre en el contexto actual
Herramientas de tabla > nueva columna

STEP 1
Crear una columna calculada en la tabla "Sales"

First quarter day =
STARTOFQUARTER(Sales[Shipment])

062. Obtener el primer día del año en el contexto actual
Herramientas de tabla > nueva columna

STEP 1

Crear una columna calculada en la tabla "Sales"

First year day =
STARTOFYEAR(Sales[Shipment])

063. Obtener el valor de una medida un día después
Modelado > nueva medida

```
Sales next day =
CALCULATE(
   //expresion
   [Total Sales],
   //filtro
   //devuelve una columna con la fecha correspondiente
al dia siguiente al contexto actual
   NEXTDAY(Sales[Shipment])
)
```


064. Obtener el valor de una medida un mes después
Modelado > nueva medida

```
Sales next month =
CALCULATE(
   //expresion
   [Total Sales],
   //filtro
   //devuelve una columna con la fecha correspondiente
al mes siguiente al contexto actual
   NEXTMONTH(Sales[Shipment])
)
```


065. Obtener el valor de una medida un trimestre después
Modelado > nueva medida

```
Sales next quarter =
CALCULATE(
   //expresion
   [Total Sales],
   //filtro
   //devuelve una columna con la fecha correspondiente
al trimestre siguiente al contexto actual
   NEXTQUARTER(Sales[Shipment])
)
```

066. Obtener el valor de una medida un año después
Modelado > nueva medida

```
Sales next year =
CALCULATE(
   //expresion
   [Total Sales],
   //filtro
   //devuelve una columna con la fecha correspondiente
al año siguiente al contexto actual
   NEXTYEAR(Sales[Shipment])
)
```

067. Obtener el valor de una medida al día anterior
Modelado > nueva medida

```
Sales previous day =
CALCULATE(
   //expresion
   [Total Sales],
   //filtro
   //devuelve una columna con la fecha correspondiente
al dia anterior al contexto actual
   PREVIOUSDAY(Sales[Shipment])
```

)

068. Obtener el valor de una medida al mes anterior
Modelado > nueva medida

```
Sales previous month =
CALCULATE(
   //expresion
   [Total Sales],
   //filtro
   //devuelve una columna con la fecha correspondiente
al mes anterior al contexto actual
   PREVIOUSMONTH(Sales[Shipment])
)
```

069. Obtener el valor de una medida al trimestre anterior
Modelado > nueva medida

```
Sales previous quarter =
CALCULATE(
   //expresion
   [Total Sales],
   //filtro
   //devuelve una columna con la fecha correspondiente
al trimestre anterior al contexto actual
   PREVIOUSQUARTER(Sales[Shipment])
)
```

070. Obtener el valor de una medida al año anterior
Modelado > nueva medida

```
Sales previous year =
CALCULATE(
```

```
//expresion
[Total Sales],
//filtro
//devuelve una columna con la fecha correspondiente
al año anterior al contexto actual
PREVIOUSYEAR(Sales[Shipment])
)
```

071. Comparar año-semana actual con año-semana anterior

STEP 1
Herramientas de tabla > nueva columna

En la tabla Calendary creamos la columna siguiente:

```
YearWeek =
CONCATENATE('Calendar'[year],'Calendar'[weekNum])
```

STEP 2
Modelado > nueva medida

Ahora creamos la medida que va a realizar el cálculo.

```
Total sales same week last year =
VAR CalendarYear = MIN(Calendar[Year]) - 1
VAR CalendarWeek = MIN(Calendar[weekNum])
VAR CalYearWeek =
  IF (CalendarWeek < 10,
CONCATENATE(CalendarYear,CONCATENATE("0",Calendar
Week)), CONCATENATE(CalendarYear,CalendarWeek))

RETURN
  CALCULATE(
    [Total Sales],
```

```
    FILTER (
        //no permite la aplicacion de filtros de contexto
        ALL ('Calendar'),
        //Crea un filtro donde el año-semana actual sea
igual al año-semana anterior
        'Calendar'[YearWeek] = CalYearWeek
        )
     )
   )
```

072. Comparar semana actual con semana anterior
Modelado > nueva medida

```
Sales last week =
CALCULATE(
  //expresion
  [Total Sales],
  //filtro
  FILTER(
    //tabla o expresion que devuelve una tabla
    ALLSELECTED( Calendary[weekNum] ),
    //filtro
    Calendary[weekNum] = SELECTEDVALUE(
Calendary[weekNum] ) -1    )
 )
```

073. Comparar mes actual con mes anterior
Modelado > nueva medida

```
Sales last month (2) =
CALCULATE(
  //expresion
  [Total Sales],
  //filtro
  FILTER(
```

```
    //tabla o expresion que devuelve una tabla
    ALLSELECTED( Calendary[month] ),
    //filtro
    Calendary[month] = SELECTEDVALUE(
Calendary[month] ) -1
  )
)
```

074. Comparar trimestre actual con trimestre anterior
Modelado > nueva medida

```
Sales last quarter (2) =
CALCULATE(
  //expresion
  [Total Sales],
  //filtro
  FILTER(
    //tabla o expresion que devuelve una tabla
    ALLSELECTED( Calendary[quarter] ),
    //filtro
    Calendary[quarter] = SELECTEDVALUE(
Calendary[quarter] ) -1
  )
)
```

075. Comparar año actual con año anterior
Modelado > nueva medida

```
Sales last year (2) =
CALCULATE(
  //expresion
  [Total Sales],
  //filtro
  FILTER(
    //tabla o expresion que devuelve una tabla
```

```
    ALLSELECTED( Calendary[year] ),
    //filtro
    Calendary[year] = SELECTEDVALUE( Calendary[year] )
-1
  )
)
```

076. Selección de días como laborables o no laborables
Herramientas de tabla > nueva tabla

STEP 1
Cargar o crear una tabla que contenga los días festivos.
En el ejemplo, esta tabla se denomina 'Public Holiday'.

STEP 2
Relacionar los campos de fecha de la tabla 'Calendary' y la
tabla 'Public Holiday'

STEP 3
Crear una nueva columna en la tabla 'Calendary'.
Herramientas de tabla > nueva columna

```
Public Holyday =
IF(
  COUNTROWS( RELATEDTABLE('Public Holiday')) = 0,
  //laborable
  TRUE(),
  //festivo
  FALSE()
)
```


077. Selección de fines de semana
Herramientas de tabla > nueva columna

STEP 1
Crear una nueva columna en la tabla 'Calendary'.
Herramientas de tabla > nueva columna

```
Weekend day =
IF(
  Calendary[weekDay] < 6,
  //lunes a viernes
  TRUE(),
  //sabado, domingo
  FALSE()
)
```

078. Selección de días como laborables o no laborables y fines de semana

Herramientas de tabla > nueva tabla

STEP 1
Cargar o crear una tabla que contenga los días festivos, no los fines de semana.
En el ejemplo, esta tabla se denomina 'Public Holiday'.

STEP 2
Relacionar los campos de fecha de la tabla 'Calendary' y la tabla 'Public Holiday'

STEP 3
Herramientas de tabla > nueva columna

En la tabla 'Calendary' creamos una nueva columna.

```
Public Holyday and Weekend =
IF(
  AND(
    //condicion para los festivos
    COUNTROWS( RELATEDTABLE('Public Holiday')) = 0,
```

```
    //condicion para los fines de semana
    Calendary[weekDay] < 6
  ),
  //laboral
  TRUE(),
  //festivo
  FALSE()
)
```


079. Crear tabla que muestre el valor de una medida por cada año/mes

STEP 1
Herramientas de tabla > nueva columna

Resulta muy útil a la hora de graficar meses con sus respectivos años.
Esta columna se creará dentro de la tabla "Calendary".

```
Mes año =
FORMAT(Calendar[Date], "MM-yy")
```
STEP 2
Herramientas de tabla > nueva columna

Antes de graficar se debe ordenar la columna.

```
Mes año orden =
FORMAT(Calendar[Date], "YYYYMM")
```

080. Unir año y mes en la misma columna
Herramientas de tabla > nueva columna

STEP 1
En la tabla Calendary creamos la columna siguiente:

YearWeek =
CONCATENATE('Calendar'[year],'Calendar'[weekNum])

081. Pasar fecha con formato de texto a fecha con formato datetime

Modelado > nueva medida

From text to datatime =
//fecha entre comillas
DATEVALUE("15/11/2021")

NOTA:
La hora incluida en el resultado es siempre las 00:00:00

082. Pasar hora con formato de texto a hora con formato datetime (1)

Herramientas de tabla > nueva columna calculada

Hour in datatime (1) =
//crear columna calculada en la tabla "Calendary"
TIMEVALUE(´Calendary´[Date])

083. Pasar hora con formato de texto a hora con formato datetime (2)

Modelado > nueva medida

Hour in datatime (2) =
//hora,minutos,segundos
TIMEVALUE("14:40:16")

084. Fecha y Hora de la última actualización del informe

UTC es el principal estándar de tiempo por el cual el mundo regula los relojes y el tiempo.

STEP 1
1-Crear una tabla de una única columna en la opción "Especificar Datos".
2-El nombre de la tabla será "UTCDATE".
3-Hacer clic en "Editar".
4-En PowerQuery: Agregar columna > columna personalizada
5-Llamamos a la columna "LastUpDate"
6-En el recuadro de fórmula escribimos:

//el valor UTC de España es 1
=DateTimeZone.SwitchZone(DateTimeZone.LocalNow(),1, 0)

7-Configurar columna como tipo: "Fecha/Hora/Zona horaria"
8-Cerrar y aplicar cambios

STEP 2
Llevar en Power BI la columna "LastUpDate" a una tarjeta. Cada vez que el informe se actualice, lo hará la fecha y hora de la tarjeta. De esta forma, los usuarios sabrán cuando fue la última actualización del informe.

085. Fecha y hora actual por país
Modelado > nueva medida

UTC Spain =

//UTC es el principal estandar de tiempo por el cual el mundo regula los relojes y el tiempo
//el valor para España es +1
UTCNOW() + TIME(1,0,0)

086. Visualizar tiempos de ejecución en un gráfico de Gantt

Modelado > nueva medida

Se toma como ejemplo para visualizar en un gráfico de Timeline el tiempo de tránsito transcurrido entre el envío de cada pedido y su entrega.

STEP 1
Forzar una segunda relación entre las tablas "Calendary" y "Sales". Para ello vamos a la parte de relaciones de Power BI y arrastramos el campo "Date" de la tabla "Calendary" hasta el campo "Arrival" de la tabla "Sales".

STEP 2
Herramientas de tabla > nueva tabla

```
Shipment Gantt =
SELECTCOLUMNS(

    GENERATE(
        Sales,
        FILTER(
            Calendary,
            Calendary[Date]>=
Sales[Shipment]&&Calendary[Date]<=
IF(Sales[Arrival]=BLANK(),TODAY(),Sales[Arrival])
            )
        ),

    "Sales_Id", Sales[Sales ID],
```

      "Date", Calendary[Date]
)

STEP 3
Utilizamos un gráfico de Timeline para visualizar el resultado

087. Calcular una medida sobre el mes anterior
Modelado > nueva medida

```
Sales last month (3) =
CALCULATE(
  //expresion
  [Total Sales],
  //filtro
  PREVIOUSMONTH( Sales[Shipment] )
)
```


088. Calcular una medida sobre el trimestre anterior
Modelado > nueva medida

```
Sales last quarter (3) =
CALCULATE(
  //expresion
  [Total Sales],
  //filtro
  PREVIOUSQUARTER( Sales[Shipment] )
)
```


089. Calcular una medida sobre el año anterior
Modelado > nueva medida

```
Sales last year (3) =
```

```
CALCULATE(
  //expresion
  [Total Sales],
  //filtro
  PREVIOUSYEAR( Sales[Shipment] )
)
```

090. Calcular una medida sobre el mes siguiente
Modelado > nueva medida

```
Sales next month (3) =
CALCULATE(
  //expresion
  [Total Sales],
  //filtro
  NEXTMONTH( Sales[Shipment] )
)
```

091. Calcular una medida sobre el trimestre siguiente
Modelado > nueva medida

```
Sales next quarter (3) =
CALCULATE(
  //expresion
  [Total Sales],
  //filtro
  NEXTQUARTER( Sales[Shipment] )
)
```

092. Calcular una medida sobre el año siguiente
Modelado > nueva medida

```
Sales next year (3) =
CALCULATE(
```

```
    //expresion
    [Total Sales],
    //filtro
    NEXTYEAR( Sales[Shipment] )
)
```

CLOSINGBALANCEMONTH (036)
CLOSINGBALANCEQUARTER (037)
CLOSINGBALANCEYEAR (038)
CONCATENATE (020,024,028,071)
DATE (001,002,003)
DATEADD (052)
DATEDIFF (002,041,044,053)
DATESBETWEEN (003,016,017,042,043,050)
DATESINPERIOD (014,015,018)
DATESMTD (021,023)
DATESQTD (025,027)
DATESYTD (029,031)
DATEVALUE (082)
DAY ((001,002)
EDATE (054)
ENDOFMONTH (057)
ENDOFQUARTER (058)
ENDOFYEAR (059)
EOMONTH (055,056)
FIRSTDATE (014,015,042,044,050)
LASTDATE (006,007,008,009,042,044,051)
MONTH (001,002,039,051,052)
NEXTDAY (063)
NEXTMONTH (090)
NEXTQUARTER (091)
NEXTYEAR (092)
OPENINGBALANCEMONTH (033,050)
OPENINGBALANCEQUARTER (034)
OPENINGBALANCEYEAR (035)
PARALLELPERIOD (039)
PREVIOUSDAY (067)
PREVIOUSMONTH (087)
PREVIOUSQUARTER (088)
PREVIOUSYEAR (089)
SAMEPERIODLASTYEAR (040)

SELECTEDVALUE (015,072,073,074,075)
STARTOFMONTH (060)
STARTOFQUARTER (061)
STARTOFYEAR (062)
TIMEVALUE (082,083)
TODAY (001,016,018,019,041,045,086)
TOTALMTD (022)
TOTALQTD (026)
UTCNOW (085)
WEEKDAY (001,002)
WEEKNUM (001,002)
YEAR (001,002)